# BEI GRIN MACHT SICH
## WISSEN BEZAHLT

- Wir veröffentlichen Ihre Hausarbeit,
  Bachelor- und Masterarbeit

- Ihr eigenes eBook und Buch -
  weltweit in allen wichtigen Shops

- Verdienen Sie an jedem Verkauf

**Jetzt bei www.GRIN.com hochladen
und kostenlos publizieren**

**Bibliografische Information der Deutschen Nationalbibliothek:**

Die Deutsche Bibliothek verzeichnet diese Publikation in der Deutschen National-
bibliografie; detaillierte bibliografische Daten sind im Internet über http://dnb.d-
nb.de/ abrufbar.

**Impressum:**

Copyright © 2014 GRIN Verlag, Open Publishing GmbH
Druck und Bindung: Books on Demand GmbH, Norderstedt Germany
ISBN: 978-3-656-77475-4

**Dieses Buch bei GRIN:**

http://www.grin.com/de/e-book/281771/medien-zur-langzeitspeicherung-elektro-
nischer-daten-bitstream-preservation

David Spisla

# Medien zur Langzeitspeicherung elektronischer Daten (Bitstream Preservation)

GRIN Verlag

**GRIN - Your knowledge has value**

Der GRIN Verlag publiziert seit 1998 wissenschaftliche Arbeiten von Studenten, Hochschullehrern und anderen Akademikern als eBook und gedrucktes Buch. Die Verlagswebsite www.grin.com ist die ideale Plattform zur Veröffentlichung von Hausarbeiten, Abschlussarbeiten, wissenschaftlichen Aufsätzen, Dissertationen und Fachbüchern.

**Besuchen Sie uns im Internet:**

http://www.grin.com/

http://www.facebook.com/grincom

http://www.twitter.com/grin_com

# Physikalische Erhaltung von Daten (Bitstream Preservation)

Autor: David Spisla

„Einführung in Digitale Langzeitarchivierung und Forschungsdatenmanagement"
Proseminar am Lehrstuhl für Kommunikationssysteme
Albert-Ludwigs-Universität Freiburg

**Zusammenfassung:** Dieser Artikel beschäftigt sich mit der physikalischen Erhaltung von elektronischen Daten („Bitstream Preservation"). Ein Bitstrom (engl. bitstream) ist eine Sequenz von Bits in unterschiedlicher Länge. Zu betrachten sind Speichermedien, die als physische Trägersubstanz dieses Bitstromes dienen. Im Vordergrund steht die Diskussion hinsichtlich der Eignung für die Langzeitspeicherung. Trotz Konkurrenz durch neuere Medien kann sich das Magnetband nach wie vor durch seine niedrigen Kosten und die hohe Haltbarkeit der Daten einer großen Beliebtheit erfreuen. Allerdings werden in letzter Zeit verstärkt optische Speichermedien (CD-ROM, DVD, Blu-ray Disc) und Festplatten bzw. Festplattensubsysteme als Ergänzung oder Alternative herangezogen. Disketten konnten sich aufgrund ihrer niedrigen Speicherkapazität und geringen Haltbarkeit nicht als primäres Medium zur Langzeitspeicherung durchsetzen. Die praktische Anwendung eines Speichermediums in einem bestimmten Kontext erfordert strategische Überlegungen. Dazu zählen das Anfertigen mehrerer Kopien, die Sicherung der Daten durch kryptografische Prüfsummen sowie eine regelmäßige Medienmigration. Als Beispiel für eine Umsetzung strategischer Überlegungen wird die Langzeitspeicherung im Bundesarchiv sowie die Verwendung von Metadaten im Archiv-System *DIMAG* vorgestellt.

## 1 Einleitung

Zweifelsohne ist es in den letzten Jahrzehnten durch den vermehrten Einsatz von EDV-Technologien zu einer rapiden Zunahme elektronisch gespeicherter Daten gekommen. Dies betrifft sowohl private als auch viele öffentliche Lebensbereiche. Die IDC-Studie „The Digital Universe" aus dem Jahre 2012 prognostiziert ein Anwachsen des Informationsberges bis 2020 auf 40 ZB (40.000.000.000 TB). Das sind 57-mal mehr elektronische Bytes, als es Sandkörner auf der Erde gibt. Jeder Mensch wird 2020 pro Jahr acht GB an Daten erzeugen.[1] Diese rasante Entwicklung schafft neue Schwierigkeiten und erfordert neue Strategien im Umgang mit gespeicherten Daten. Der universitäre Forschungszweig der „Digitalen Langzeitarchivierung" versucht in Verbindung mit Überlegungen zum Forschungsdatenmanagement dieses Thema auf allen Ebenen zu betrachten. Der Aspekt „Bitstream Preservation" ist hierbei eines der grundlegenden Themengebiete, da der einwandfreie physikalische Erhalt einer Datenmenge auf einem bestimmten Trägermedium sicherstellt, dass weitergehende Maßnahmen, wie z.B. die Errichtung eines Hardware-Museums oder die Emulation einer alten Software, überhaupt erst möglich werden.

Folgendes Negativbeispiel soll die Problematik verdeutlichen. Als 1979 die Pioneer-Sonde am Mars vorbei flog, wurden die laufend übertragenen Daten zunächst auf Magnetbändern gespeichert. Zur Sicherheit verwendete die NASA insgesamt vier Formate: 9-Spur-Magnetband, 7-Spur-Magnetband, Lochstreifen und Lochkarten. Nach 15 Jahren waren die Medien allesamt gut erhalten, es gab jedoch keine geeigneten Lesegeräte mehr, da diese auf dem Markt nicht mehr erhältlich waren.[2] Man hat hier mehrere Kopien mit verschiedenen Speichertechniken erstellt und auch auf sachgerechte Lagerung geachtet, aber die Marktentwicklung ignoriert. Eine rechtzeitige Migration

---

[1] Gantz, John/Reinsel, David (2012): The Digital universe in 2020. Big Data, Bigger Digital shadows, and Biggest Growth in the far East. IDC Digital universe study. URL: www.emc.com/collateral/analyst-reports/idc-the-digital-universe-in-2020.pdf (Letzter Aufruf: 08.02.2014)

[2] Stoll, Clifford (1996): Die Wüste Internet. Geisterfahrten auf der Datenautobahn. Frankfurt am Main, S.263

auf neuere Magnetbandformate hätte die Lösung gebracht. Bis Mitte der 90er Jahren sind insgesamt 1,2 Millionen Magnetbänder, die Daten aus 30 Jahren Raumfahrt speicherten, unbrauchbar geworden. Dies lag u.a. auch daran, dass die Daten den entsprechenden Weltraumfahrten nicht mehr zugeordnet werden konnten. Hier ist eindeutig die Erstellung von Metadaten beim Ingest vernachlässigt worden.[3] Datenverluste sind also nicht nur technisch bedingt sind, sondern auch Folge mangelnder Organisation.

Dieser Fall zeigt, dass neben der Frage der physikalischen Haltbarkeit eines bestimmten Trägermediums gleichermaßen strategische Überlegungen von entscheidender Bedeutung sind. Sowohl die Forschung als auch Unternehmen, Archive, Museen und Bibliotheken beschäftigen sich seit Jahren mit der Entwicklung effektiver Strategien und Techniken zur Bewahrung digitaler Objekte. Für die Entwicklung solcher Strategien können Aspekte wie Anzahl der Sicherheitskopien, Einsatz unterschiedlicher Speichertechniken, Bewahrung internationaler Standards, kryptografische Sicherheitsverfahren und regelmäßige Datenmigrationen eine Rolle spielen.

Nicht nur die Bewahrung aktueller Datenmengen ist von Interesse. Gerade Museen und Archive können altes Datenmaterial erhalten, welches nicht nur gelesen werden muss, sondern auch für die Zukunft bewahrt werden soll. Man kann in diesem Zusammenhang von einer „Digitalen Archäologie" sprechen.[4] Zusätzlich muss berücksichtigt werden, dass die zu archivierenden Objekte sehr unterschiedlich sein können. Dazu zählen Aspekte wie Häufigkeit des Zugriffs (häufige, seltene, keine Nachfragen), zeitliche Vorgaben zur Speicherung (etwa gesetzliche Mindestaufbewahrungsfristen in unterschiedlicher Länge oder auch potenziell ewig) und Wichtigkeit (Forschungsdaten, Kunstwerke, behördliche Dokumente).[5] Für ein konkretes Anwendungsbedürfnis sollte daher eine sinnvolle Strategie erarbeitet werden, die zu einer Wahl geeigneter Speichermedien führen. Bei der folgenden Betrachtung einzelner Speichermedien werden diese auch hinsichtlich der Eignung für bestimmte Anwendungsbedürfnisse untersucht.

## 2    Betrachtung einzelner Speichermedien

Ein bestimmtes Speichermedium stellt die unterste Ebene der Datenspeicherung dar, da es die konkrete physische Trägersubstanz eines Bitstroms ist. Ein Bitstrom (engl. bitstream) ist eine Sequenz von Bits in unterschiedlicher Länge.[6] Die blanke Abfolge von Bits ist für einen Computer erst dann brauchbar, wenn über entsprechende Laufwerke und Controller der Bitstrom eingelesen wird. Doch auch dies genügt nicht. Erst die Interpretation der Bits durch eine Software ergibt dann für den Menschen verstehbare Informationen. Hier soll es jedoch thematisch nur um die Erhaltung des blanken Bitstroms gehen.

Im Bereich der Langzeitarchivierung spielen derzeit Magnetbänder, Magnetbandkassetten, Digital Audio Tapes (DAT), CD-ROMs, DVDs, Blu-ray Discs und insbesondere Festplatten eine bedeutsame Rolle.[7]

---

[3] vergl. Rathje, Ulf (2002): a.a.O., S. 117

[4] Im Jahre 2012 entdeckte der Entwickler des Computerspiels *Prince of Persia* den verloren geglaubten Original-Quellcode des Spiels. Die Daten waren auf alten Disketten abgespeichert und zufällig gefunden worden. Mithilfe von Experten gelang es, die Daten vollständig zu retten, wobei der Rekonstruktionsprozess mühsam war. Vergleiche hierzu folgenden Online-Artikel: http://www.zeit.de/digital/games/2012-04/prince-of-persia-quellcode (Letzter Aufruf: 31.01.2014)

[5] Das Bundesfinanzministerium hat z.b. *Grundsätze zum Datenzugriff und zur Prüfbarkeit digitaler Unterlagen (GDPdU)* erstellt. Dieses Dokument enthält Regeln zur Aufbewahrung digitaler Unterlagen. URL: http://www.bundesfinanzministerium.de/Content/DE/Downloads/BMF_Schreiben/Weitere_Steuerthe men/Abgabenordnung/Datenzugriff_GDPdU/002_GDPdU_a.pdf?_blob=publicationFilev=4 (Letzter Aufruf: 07.02.2014) Rechtsfragen verschiedener Art im Zusammenhang mit Langzeitarchivierung werden hier diskutiert: Steinhauer, Eric: Wissen ohne Zukunft? Der Rechtsrahmen der digitalen Langzeitarchivierung von Netzpublikationen. In: Hrsg. Klimpel, Paul, Keiper, Jürgen (2013): Was bleibt? Nachhaltigkeit der Kultur in der digitalen Welt. Internet Gesellschaft Collaboratory e. V. S. 61-82

[6] Für eine ausführliche Erläuterung vergl. Rothenberg, Jeff (1999): Ensuring the Longevity of Digital Information. S.5

[7] vergl. Rathje, Ulf (2002): Technisches Konzept für die Datenarchivierung im Bundesarchiv. In: Der Archivar, H. 2, Jahrgang 55, S.117-120. S. 119

Es sei noch angemerkt, dass die hier gemachten Angaben zur Haltbarkeit eines Mediums mit Vorsicht zu betrachten sind.[8] In der Literatur finden sich im Allgemeinen zu einem Medium durchaus sehr unterschiedliche Angaben. Es gibt eine Reihe von Faktoren, die die Haltbarkeit eines bestimmten Mediums beeinflussen. Dazu gehören Art der Lagerung (Temperatur, Verschmutzungen, Luftfeuchtigkeit, Sonneneinstrahlung), Einfluss von Magnetfeldern, Anzahl der Lese-/ Schreibvorgänge, Stöße und Beschädigungen des Mediums bzw. der Laufwerke. Je nach Anwendungsfall und Art der Lagerung kann die reale Lebensdauer eines Mediums kürzer bzw. länger ausfallen. Es gehört daher auch zu dem Bereich der strategischen Überlegungen, wie die Haltbarkeit eines Mediums optimiert werden kann.

## 2.1  Magnetband, Magnetbandkassette und Digital Audio Tape (DAT)

Ein Magnetband besteht aus einer langen, schmalen Folie aus Kunststoff, die mit einem magnetisierbaren Material beschichtet ist. Ein solches Kunststoffband kann auf Wickelkernen oder Spulen aufgewickelt oder in Kassetten eingebaut sein. Ist Letzteres der Fall, spricht man von einer Magnetbandkassette.[9] Das DAT (Digital Audio Tape) kann als eine Weiterentwicklung der Magnetbandkassette betrachtet werden.

Dieser Datenträger bietet eine Reihe von Vorteilen, sodass Magnetbänder lange Zeit das Standardmedium zur Datenspeicherung in der EDV waren und auch heute noch beliebt sind. Ein wesentlicher Vorteil ist die Haltbarkeit, die auf bis zu 30-50 Jahre geschätzt wird.[10] In der realen Anwendung kann die Lebenszeit jedoch deutlich geringer ausfallen. Eine ungünstige Lagerung, häufige Lesezugriffe und fehlerhafte Laufwerke können als mögliche Ursachen infrage kommen. Eine hohe Haltbarkeit kann dann erreicht werden, wenn das Band sachgerecht gelagert (kühl, trocken, staubfrei und außerhalb der Reichweite von Magnetfeldern), wenig bis keine Lesezugriffe erfährt und passende Laufwerke vorhanden sind und diese einwandfrei funktionieren. Ein fehlerhaftes Laufwerk kann ein Band massiv beschädigen oder ganz zerstören, was zu empfindlichen Datenverlusten führen kann. Zudem sind sie in der Anschaffung und im Unterhalt günstiger als im Vergleich zu Festplatten, da sie z.B. nur Strom verbrauchen, wenn sie beschrieben oder gelesen werden. Dies zahlt sich dann aus, wenn Magnetbänder für Daten verwendet werden, die kaum oder gar nicht gelesen werden.

Früher galten Magnetbänder als langsame, sequenzielle Medien d.h. im Vergleich zu anderen Medien war der Lesezugriff langsamer. Ein Magnetband muss nicht nur sequenziell durchgegangen, sondern auch aus dem Lager geholt und in das Laufwerk gelegt werden. Daher war auch der Umkopierprozess mühsamer als z.B. bei einer Festplatte. Dies wird heute dadurch ausgeglichen, dass zum Lesen, Schreiben oder Umkopieren nicht mehr manuell mit Einzellaufwerken gearbeitet wird, sondern ganze Bandroboter-Systeme (Bandbibliotheken) mit automatischen Bandwechslern zum Einsatz kommen. Solche Systeme können Kapazitäten im Petabyte-Bereich verarbeiten.[11] Bedingt durch die Konkurrenz neuer, schneller Medien, sind in den letzten Jahren neue Bandtechnologien auf den Markt gekommen, die gegenüber älteren Technologien schneller arbeiten und z.T. erheblich mehr Kapazitäten verfügen. Ein DAT (4-mm-Band) verarbeitet 72 GB. Die S-DLT-Technologie erreicht 160 GB (mit Kompression 320 GB) und mit LTO-Ultrium vom Typ LTO-6 kommt man sogar mit Kompression auf 6,25 TB.[12] Moderne Magnetbandtypen besitzen eine Da-

---

[8]  Eine Übersicht über die Haltbarkeit verschiedener Speichermedien findet sich in Däßler, Ralf: Datenträger und Speicherverfahren für die digitale Langzeitarchivierung. In: Hrsg. v. H. Neuroth, u.a. (2010): Nestor-Handbuch: Eine kleine Enzyklopädie der digitalen Langzeitarchivierung. Online-Version 2.3, Göttingen: Nestor c/o Niedersächs. Staats- und Univ.-Bibliothek, S.275

[9]  http://www.itwissen.info/definition/lexikon/Magnetband-MT-magnetic-tape.html (Letzter Aufruf: 08.02.2014)

[10]  Arbeitsgemeinschaft für wirtschaftliche Verwaltung e.V. (AWV) (2003): Speichern, Sichern und Archivieren auf Bandtechnologien. Eine aktuelle Übersicht zu Sicherheit, Haltbarkeit und Beschaffenheit. Eschborn: AWV-Eigenverlag. S.85

[11]  vergl. Ullrich, Dagmar: Magnetbänder. In: Hrsg. v. H. Neuroth, u.a. (2010): Nestor-Handbuch: a.a.O., S.282

[12]  vergl. Hrsg. Schneider, Uwe; Werner, Dieter (2007): Taschenbuch der Informatik. Carl Hanser Verlag München. S. 141. Eine aktuelle Übersicht über die verschieden Kapazitäten der LTO-Ultrium Typen findet sich auf http://lto.org/technology/roadmap.html (Letzter Aufruf: 08.02.2014)

tentransferrate, die vergleich mit anderen Medien ist (HDD 50-100 MBit/s, DVD 80 (8x) MBit/s, LTO-Magnetbänder 60-120 MBit/s).[13] Zusammengefasst sind Magnetbänder für Datenobjekte geeignet, die für einen langen Zeitraum (bis zu ewig) und unverändert gespeichert und die kaum bis gar nicht gelesen werden müssen. Die hohe Haltbarkeit macht sie auch für wichtige Daten attraktiv. Zudem können als Träger von Sicherheitskopien dienen, wenn beispielsweise mit den Daten auf einer Festplatte viel gearbeitet wird. Die Entwicklung neuer Markttechnologien, die auch international verbreitet sind, zeigt, dass dieses altgediente Medium nach wie vor aktuell ist. Daher werden in vielen Institutionen weiterhin Magnetbänder als Speichermedium verwendet.[14]

## 2.2  Disketten

Disketten zählen ebenso zu den magnetischen Datenträgern. Das eigentliche Speichermaterial ist eine dünne Schicht aus Eisenoxid, die auf eine Kunststoffscheibe aufgetragen wird. Diese Scheibe wird von einer quadratischen oder rechteckigen Kunststoff- oder Papphülle umschlossen.[15] Disketten sind für den Einsatz als Langzeitspeichermedium wegen ihrer geringen Haltbarkeit und mangelnder Speicherkapazität nur in bestimmten Anwendungsfällen zu gebrauchen.[16] Klassische 3,5-Zoll-Disketten enthalten gerade mal 1,44 MB Speicher. Es gab jedoch Bemühungen, die Kapazität der Disketten deutlich zu erhöhen. Bekannte Technologien sind hierbei die LS120/LS240 (120/240 MB Speicher) und die sog. ZIP-Disketten (je nach Typ 100-750 MB).[17] Heutige Datenmengen übersteigen jedoch auch die Fähigkeiten dieser Datenträger. Disketten halten durchschnittlich fünf Jahre. Bei entsprechender Lagerung (Schutz vor Wärme, Sonne und Magnetismus) und geringen Lesezugriffen können auch 10-30 Jahre möglich sein.[18] Berücksichtigt man die riesigen Datenmengen, die heute bewältigt werden müssen, so scheint der Einsatz von Disketten als unpraktisch. Speichert man größere Datenobjekte ab oder kopiert diese um, so müsste man ständig neue Disketten in die Laufwerke einfügen. Heutzutage würde kaum jemand Disketten als Primärspeicher für Daten mit hoher Relevanz benutzen. Ein möglicher Einsatz ist jedoch die Erstaufnahme kleinerer Datenmengen. Interessanterweise hat das Bundesarchiv zwischen 1990-2001 z.T. Daten auf klassischen Diskettenformaten und später auch auf ZIP-Disketten gespeichert.[19] Durch das Aufkommen von CD-ROM und DVD wurde der Einsatz nach 2001 jedoch eingestellt.
Im privaten Sektor haben Disketten jedoch eine weite Verbreitung gefunden, da sie kostengünstig sind und der Privatanwender nicht immer riesige Datenmengen zu bewältigen hat (z.B. Office-Dokumente, PDFs, einzelne Bilddateien). Durch die Konkurrenz durch CD-ROM, DVD und Flash-Speicher (z.B. USB-Sticks) steht die Diskette jedoch vor dem Aus. Einige Hersteller haben sogar schon die Herstellung einzelner Formate eingestellt.[20] Vermutlich wird es in Zukunft schwierig sein, passende Laufwerke für solche Medien zu bekommen.[21]

## 2.3  CD-ROM und DVD

Die CD-ROM und die DVD bestehen aus einer flachen Kunststoffscheibe, die von einer Seite (bzw. bei einer double-sided DVD auf beiden Seiten) mit einer Polykarbonatschicht behaftet ist. Das

[13] Däßler, Ralf: Datenträger und Speicherverfahren für die digitale Langzeitarchivierung. In: Hrsg. v. H. Neuroth, u.a. (2010): Nestor-Handbuch: a.a.O., S.273

[14] Giebel, Ralph: Speichertechnologie und Nachhaltigkeit. In: Hrsg. Klimpel, Paul, Keiper, Jürgen (2013): Was bleibt? a.a.O. S. 104f

[15] http://www.itwissen.info/definition/lexikon/Diskette-FD-floppy-disk.html am 07.02.2014

[16] vergl. Rathje, Ulf (2002): a.a.O., S. 120

[17] Mueller, Scott (2005): Scott Mueller's Upgrading and Repairing Laptops. Que Corporation. S. 494f.

[18] Michael  W.  Gilbert  (o.J.):  Digital  Media  Life  Expectancy  and  Care.  URL: http://web.archive.org/web/20031222194846/http://www.oit.umass.edu/publications/at_oit/Archive/f all98/media.html Letzter Aufruf: 08.02.2014)

[19] vergl. hierzu die Auflistung der im Bundesarchiv verwendeten Speichermedien in: Rathje, Ulf (2002): a.a.O., S. 118

[20] http://www.t-online.de/computer/hardware/id_41443768/sony-stellt-produktion-der-3-5-zoll-diskette-ein.html am 08.01.2014

[21] Stührenberg, Maik: Digitale Langzeitarchivierung aus Sicht der IT. In: Hrsg. Klimpel, Paul, Keiper, Jürgen (2013): a.a.O. S. 86

Speichern von Daten geschieht durch Einbrennen bzw. Einstanzen von Löchern (Pits) in diese Schicht. Durch einen Abtastlaser wird dann die Struktur und Sequenz der Pits (Einstanzungen) und Lands (nicht vertiefte Stellen) als Bits interpretiert.[22] Aus diesem optischen Verfahren zur Datenspeicherung ergibt sich der Vorteil, dass die Informationen berührungsfrei abgetastet werden können. Das Abtasten verursacht keine Abnutzungserscheinungen. Zudem sind die Rohlinge sehr günstig in der Anschaffung bei gleichzeitig hoher Speicherkapazität und schneller Zugriffszeit (CD-ROM bis zu ca. 700 MB bei 50 ms, DVD je nach Format bis zu 19 GB bei 65 ms).[23] Das optische Speicherverfahren bringt jedoch auch einige Nachteile mit sich. Die Abspielgeräte sind auf eine genaue Positionierung des Lasers angewiesen, daher reagieren sie auf Stöße und Verschmutzungen sehr empfindlich. Die Gruppe der mehrfach beschreibbaren optischen Datenträger (z.B. CD-RW, DVD-RW, Haltbarkeit ca. 10-30 Jahre) speichert binäre Daten durch polykristalline Phasenveränderungen und wird durch wechselnde äußere Bedingungen, wie etwa Temperaturschwankungen, schneller unbrauchbar. Einfach gepresste Scheiben (z.B. CD-ROM, DVD, Haltbarkeit 30-50 Jahre) sind hier jedoch deutlich widerstandsfähiger.[24] Die reale Haltbarkeit dürfte jedoch deutlich geringer ausfallen. An anderer Stelle wird eine durchschnittliche Lebensdauer von fünf Jahren genannt.[25] Durch die Blu-ray Disc konnte die DVD hinsichtlich Speicherkapazität weiterentwickelt werden. Der Name kommt von dem blauen Laserlicht, das bei der Erstellung der Datenspuren verwendet wird. Dieses hat eine sehr kurze Wellenlänge, wodurch die Datenspuren gegenüber der DVD dichter gehalten werden. Dadurch verengen sich die Pits und Lands, was die Speicherdichte deutlich erhöht. Zusätzlich werden die Daten auf mehreren Schichten gebrannt. Je nach Format und Anzahl der Schichten können 25, 50 aber auch 100 bzw. 128 GB erreicht werden.[26] Die Haltbarkeit wird auf 30-50 Jahre geschätzt.[27]

CD-ROM, DVD und Blu-ray Disc eignen sich daher für den Zweck der Langzeitarchivierung. Da sie nicht sequenziell gelesen werden, können sie für Datenobjekte, die mittelfristig gespeichert und hin und wieder abgerufen werden. Sie können auch als Medium zur Zweitsicherung eingesetzt werden, was z.B. das Bundesarchiv seit 1998 praktiziert.[28] Aufgrund der Unsicherheit bezüglich der Haltbarkeit, gelten Magnetbänder nach wie vor als verlässlicher. Bei Format-Typen mit geringem Speicher (z.B. CD-ROM mit 700 MB) kann ein Umkopierprozess von größeren Datenobjekten mühsam ausfallen, da ständig neue Scheiben in den Brenner eingeschoben und wieder entfernt werden müssen. Da die Rohlinge preiswert sind und keine aufwendigen Lagerungsbedingungen brauchen, sind sie hinsichtlich Anschaffung und Unterhalt kostengünstig (CD-ROM 0.2 Euro/GB und DVD 0.042 Euro/GB, Blu-ray Disc 0,084 Euro/GB).[29] Ebenso sind sie international weit verbreitet und werden inzwischen gegenüber der Diskette bevorzugt, daher besteht mittelfristig nicht die Gefahr, dass plötzlich keine Lesegeräte mehr vorhanden sein könnten.

### 2.4  Festplatte

Festplatten gehören zu den magnetischen Speichertechniken. Die Daten werden von einem beweglichen Schreib-/Lesekopf auf die rotierenden Plattenoberflächen geschrieben bzw. ausgelesen.

---

[22] vergl. Hrsg. Schneider, Uwe; Werner, Dieter (2007): Taschenbuch der Informatik. Carl Hanser Verlag München. S. 142f.

[23] vergl. Däßler, Ralf: Datenträger und Speicherverfahren für die digitale Langzeitarchivierung. In: Hrsg. v. H. Neuroth, u.a. (2010): Nestor-Handbuch: a.a.O., S.273

[24] vergl. Däßler, Ralf: Datenträger und Speicherverfahren für die digitale Langzeitarchivierung. In Hrsg. v. H. Neuroth, u.a. (2010): Nestor-Handbuch: a.a.O., S.268f

[25] Rothenberg, Jeff (1999): Ensuring the Longevity of Digital Information. S.3

[26] Für die klassische DVD gibt es ebenfalls Varianten mit erhöhter Anzahl von Schichten. Eine Übersicht der Formate findet sich in Hrsg. Schneider, Uwe; Werner, Dieter (2007): Taschenbuch der Informatik. Carl Hanser Verlag München. S. 147

[27] http://www.itwissen.info/definition/lexikon/Blu-Ray-Disc-BD-blu-ray-disc.html   (Letzter   Aufruf: 07.02.2014)

[28] vergl. hierzu auch Kapitel 4

[29] Die Preise können je nach bestellter Stückzahl, Händler und Qualität schwanken. Die Preise für CD-ROM und DVD wurden entnommen aus: http://www.e-teaching.org/technik/datenhaltung/speichermedien/ (Letzter Aufruf: 04.02.2014). Der Preis für die Blu-ray Disc wurde ermittelt durch http://www.idealo.de/preisvergleich/OffersOfProduct/3418310._-bd-r-25gb-4x-50er-spindel-platinum.html (Letzter Aufruf: 07.02.2014)

Die Platten bestehen aus einer hartmagnetischen Schicht und können beliebig oft beschrieben oder gelesen werden.[30] Festplatten können eine Lebensdauer von drei bis zehn Jahren haben, wobei einzelne Hersteller auch 30 Jahre angeben.[31] Eine ungünstige Betriebstemperatur (optimal sind 30-45 Grad Celsius) und der mechanische Verschleiß irgendeines beweglichen Teiles beeinträchtigt die Lebensdauer am stärksten. Die Benutzung von Festplatten bringt zwei Gefahren mit sich. Erstens kann es zu einem sog. „Headcrash" kommen, bei dem der Schreib-/Lesekopf die drehenden Platten berührt und so die Plattenbeschichtung zerstört. Zweitens können Magnetfelder in der unmittelbaren Umgebung der Festplatte die magnetischen Daten beschädigen.

Trotz dieser Gefahren werden Festplatten in der Langzeitarchivierung verstärkt eingesetzt. Festplatten können flexibel als Einzelmedium in PCs oder Servern eingebaut oder extern angeschlossen werden. Durch die Verwendung von Festplattensubsystemen lassen sich viele Einzelplatten zu einem Festplattennetzwerk erweitern, welches ein Speichervolumen besitzt, das bis in den Petabyte-Bereich gehen kann. Obwohl die Haltbarkeit einer Festplatte im Vergleich zum Magnetband weniger verlässlich ist, bieten sich Anwendungsmöglichkeiten. Eine Möglichkeit ist, das Medium im Verbund mit anderen Medien in einer hierarchischen Speicherverwaltung zu nutzen. So kann die Zugriffszeit auf Daten verbessert werden. Die andere Möglichkeit ist, Festplatten als eine Art „Zwischenspeicher" bei Formatmigrationen zu nutzen. In einem Archiv kann es schon nach kurzer Zeit notwendig sein, Daten in ein anderes Format umzuwandeln d.h. es ist gar nicht gewünscht, dass die Daten für lange Zeit gespeichert werden. Dabei kann die alte Originalversion zur Sicherheit auf Magnetbänder gespeichert und die Daten auf der Festplatte zeitnah ausgelesen, editiert bzw. in das gewünschte Format gebracht werden.[32] Daten mit hoher Wichtigkeit sollten jedoch nicht ausschließlich auf Festplatten gespeichert werden. Da die Zugriffszeiten sehr schnell sind (10 ms), eignen sie sich für Daten gut, die kurz- oder mittelfristig gespeichert und oft abgerufen bzw. verändert werden. Die Kosten in der Anschaffung liegen jedoch über dem der Magnetbänder (0.042 Euro/GB gegenüber 0.012 Euro/GB).[33] Hinzu kommen noch die Kosten für den laufenden Unterhalt. Auch hier sind Magnetbänder günstiger, da sie z.B. nur Strom verbrauchen, wenn sie gelesen werden. Die neu auf dem Markt erschienenen SSD-Festplatten (Solid-State-Drive) arbeiten zwar noch schneller (0.2 ms), sind dafür aber teurer (0,70 Euro/GB) und besitzen weniger Speicher.[34]

Da Festplatten nicht extra ein Laufwerk benötigen, besteht hier nicht die Gefahr, dass mittel- oder längerfristig keine Laufwerke mehr vorhanden sind. Daher ist davon auszugehen, dass sie weiterhin für die Langzeitarchivierung attraktiv bleiben. Um Daten auszulesen, muss die Platte jedoch über einen passenden Controller und Schnittstelle an das Mainboard angeschlossen werden. Derzeit kann der alte IDE/ATA Standard noch parallel mit IDE/SATA genutzt werden. Der SCSI Standard wird heute nur noch überwiegend in Serversystemen eingesetzt.[35] Wann die klassischen HDD-Festplatten ihren Rang an die neuen SSD-Platten verlieren, bleibt abzuwarten.

---

[30] vergl. Hrsg. Schneider, Uwe; Werner, Dieter (2007): Taschenbuch der Informatik. Carl Hanser Verlag München. S. 138

[31] Dies hängt davon ab, wie intensiv sich die Platte im Dauerbetrieb befindet. Eine Platte, die als reines Archivmedium genutzt wird, wenig in Betrieb und dabei sorgfältig gelagert ist, wird höchstwahrscheinlich eine längere Lebensdauer haben als eine Platte im Dauerbetrieb

[32] vergl. das Kapitel „Festplatten" in: Ullrich, Dagmer: Festplatten. In Hrsg. v. H. Neuroth, u.a. (2010): Nestor-Handbuch: a.a.O., S.286ff

[33] Der Vergleich bezieht sich auf eine interne 2 TB-Festplatte und eine Magnetbandkassette des Typs LTO-Ultrium 4. Die Preise wurden ermittelt über http://www.idealo.de/preisvergleich/OffersOfProduct/1166440_-lto-ultrium-4-quantum.html und http://www.idealo.de/preisvergleich/OffersOfProduct/3412471_-red-sata-iii-2tb-wd20efrx-western-digital.html (Letzter Aufruf: 04.02.2014)

[34] Preis bezieht sich auf eine 250 GB SSD und wurde ermittelt über http://www.idealo.de/preisvergleich/OffersOfProduct/3586985_-840-series-250gb-desktop-laptop-kit-samsung.html (Letzter Aufruf: 07.02.2014). Weitere Anmerkung: Die SSD basiert nicht mehr auf einem magnetischen Speicherverfahren, sondern beruht auf Eigenschaften von Halbleiterbausteinen

[35] vergl. Hrsg. Schneider, Uwe; Werner, Dieter (2007): Taschenbuch der Informatik. Carl Hanser Verlag München. S. 139

# 3   Strategien zum physischen Erhalt

Das Wissen um die Vor- und Nachteile verschiedener Speichermedien ist die Grundlage, um sinnvolle Strategien für einen effektiven Erhalt des Bitstromes zu entwickeln. Betrachtet werden hier folgende drei Aspekte:[36]

1. Redundante Datenerhaltung
3. Datensicherheit
4. Kontinuierliche Medienmigration

## 3.1   Redundante Datenerhaltung

Das Anfertigen mehrfacher Kopien ist sicherlich eine sinnvolle Strategie zur Langzeitarchivierung. Dabei sollte im Vorfeld eine Auswahl der zu speichernden Informationen getroffen werden.[37] Es gibt Daten, die nur vorübergehend, längerfristig oder unbestimmt gespeichert und die während der Speicherperiode viel, wenig oder gar nicht gelesen werden müssen. Entsprechend den Bedürfnissen wird dann das geeignete Speichermedium ausgewählt. Es sollte dann ein Speichermedium gewählt werden, das international weit verbreitet und haltbar ist. Damit kann das Risiko minimiert werden, dass ein bestimmtes Medium vom Markt verschwindet bzw. nicht mehr hergestellt wird und damit nicht mehr gelesen werden kann, weil die entsprechenden Laufwerke und andere Hardwarekomponenten nicht mehr hergestellt werden. Gerade bei sehr wichtigen Daten, wie z.B. Forschungsarbeiten ist dies unerlässlich.
Es empfiehlt sich auch eine räumlich getrennte Aufbewahrung der Kopien bei Beachtung der für das jeweilige Speichermedium geltenden Lagerbedingungen.[38] Damit kann das Risiko vermindert werden, dass bei Brand- oder Wasserschäden wertvolle Daten verloren gehen.[39] Für den Fall einer Katastrophe sollte ein Notfallplan mit klaren Verhaltensregeln für das Personal bereitgestellt werden. Wenn möglich, sollten Daten nicht in der Nähe von Gebieten gespeichert werden, in denen das Risiko für eine Naturkatastrophe erhöht ist. Das Personal wollte sowohl für den Notfall als auch für den Normalbetrieb im Umgang mit den Speichermedien geschult sein.[40]

## 3.2   Datensicherheit

Unerlässlich ist heute die Verwendung von kryptografischen Prüfsummen, um digitale Informationen vor Diebstahl und Manipulation zu schützen. Bei diesen Verfahren wird von einer Datei mittels einer Hashfunktion ein stets gleichbleibender Zahlenwert, der sog. Hash-Wert, erstellt. Dieser wird auch „eletronische Fingerabdruck" genannt. Bei einem solches Verfahren zuverlässig und sicher, können zwei unterschiedliche Dateien niemals die gleichen Hash-Werte erhalten. Der Hash-Wert ist damit ein eindeutiges Erkennungsmerkmal für eine Datei. Wenn sich in der Datei auch nur ein Bit oder Zeichen durch Beschädigung oder Manipulation verändert, entsteht ein gänzlich neuer Hash-Wert.[41]
Eine Schwierigkeit im Umgang mit diesen Verfahren ist jedoch, dass der Beweiswert einer bestimmten Signatur über die Jahre abnehmen kann. Die Ursache davon liegt häufig an der Tatsache, dass sich ein bestimmtes Hash-Verfahren als unsicher erwiesen hat bzw. „geknackt" wurde d.h. es ist z.B. gelungen, eine Datei zu manipulieren und diese dann mit dem Hash-Wert der Ursprungsdatei zu signieren. Weit verbreitet ist bisher der *Secure Hash Algorithm* SHA-1 (1993), der Hashwerte

---

[36] Andere Auflistungen sind ebenso denkbar. Vergleiche z.B. Ullrich, Dagmar: Bitstream Preservation. In: Hrsg. v. H. Neuroth, u.a. (2010): Nestor-Handbuch: a.a.O., S.163. Eine weitere Alternative findet sich in o.V. (o.J.): Digital preservation. S.3

[37] o.V. (o.J.): Digital preservation. Calimera Guidelines. S.4

[38] Zum Beispiel in getrennten Räumen, die in unterschiedlichen Gebäudeteilen liegen

[39] Ullrich, Dagmar: Bitstream Preservation. In: Hrsg. v. H. Neuroth, u.a. (2010):Nestor-Handbuch: a.a.O., S.163

[40] o.V. (o.J.): Digital preservation. Calimera Guidelines. S.7

[41] Jockisch, Peter (2012): Praktische Anwendung kryptographischer Prüfsummen. Freiburg i. Brsg, S. 3f. URL: http://computerbildnis.com/it-articles_de/checksums_de/pruefsummen_A4_duplex_de.pdf (Letzter Zugriff: 09.02.2014)

von 160 Bits Länge erzeugt. Fraglich ist allerdings, wie lange dies ausreichend ist. Empfohlen werden derzeit bereits die Nachfolger SHA-256, SHA-384 und SHA-512, deren Hashwerte Bitlängen von jeweils 256, 384 oder 512 Bit aufweisen und alles Varianten von SHA-2 sind.[42] Seit 2012 gibt es den Nachfolger SHA-3, der gegenüber SHA-2 leichte Verbesserungen aufweist. Dennoch gilt SHA-2 auch heute als sicher.[43] Das „Bundesamt für Sicherheit in der Informationstechnik" hat im Hinblick auf die Bewältigung dieser Aufgabe eine technische Richtlinie erstellt, die für alle Behörden verbindlich gilt und auch für andere Anwendungsbereiche empfohlen wird. Darin enthalten ist ein Maßnahmekatalog. Wesentliche Ziele sind hierbei die Verfügbarkeit, die Integrität, die Authentizität sowie Datenschutz, Datensicherheit und Vertraulichkeit für die digitalen Inhalte und beweisrelevanten Zusatzdaten für lange Zeiträume zu gewährleisten.[44] Verfügbarkeit, Lesbarkeit und Integrität sollen durch ein geeignetes Speichermedium in Verbindung mit einer sinnvollen Strategie sichergestellt werden. Kryptographische Verfahren sollen schließlich die Aspekte Authentizität, Datenschutz, Datensicherheit und Vertraulichkeit garantieren. Die technische Richtlinie beschreibt allerdings nicht alle Elemente und Prozesse, die zu einem solchen Gesamtsystem gehören. Ein solches Gesamtsystem besteht zum einen aus IT-Anwendungen, mit denen Daten und Dokumente archiviert und bearbeitet werden. Zum anderen besteht sie aus einer speziell der Langzeitarchivierung dienlichen IT-Infrastruktur, deren wesentliche Bestandteile ein „Enterprise Content Management (ECM)-/Langzeitspeichersystem" und die sogenannte „TRESOR-Middleware" sind. Letztere enthält das eigentliche kryptografische Verfahren.[45] In verschiedenen Bereichen des öffentlichen Lebens sind die gerade eben zitierten Ziele der technischen Richtlinie von besonderer Bewandtnis. Das gilt z.B. für behördliche Dokumente, die gemäß den gesetzlichen Vorgaben ihren rechtsverbindlichen Anspruch innerhalb einer bestimmten Frist nicht verlieren dürfen. Oder etwa interne und empfindliche Daten von Wirtschaftsunternehmen zum Schutz vor Wirtschaftsspionage bzw. Sabotage. Um etwa Daten aus dem Bereich der Wirtschaft oder des Gesundheitswesens vor Manipulation zu schützen, gibt es sog. CAS-Systeme (Content Addressed Storage), die Festplattenspeicher nutzen und zusammen mit internen Servern und einer Verwaltungssoftware arbeiten. Dabei werden von jedem Datenobjekt bei der Speicherung Checksummen bzw. Hashwerte erstellt. Diese Werte sollen die Authentizität der Daten sicherstellen.[46]

### 3.3 Kontinuierliche Medienmigration

Der Begriff Medienmigration beinhaltet alle Maßnahmen, die notwendig sind, damit ein physisches Speichermedium, welches den zu bewahrenden Bitstrom enthält, durch ein neues ersetzt wird. In Anlehnung an das OASIS-Referenzmodell lässt sich Medienmigration als ein Transfer von digitalen Informationen definieren. Darin enthalten ist die Absicht, diese Informationen zu bewahren. Im Sinne von OASIS kennzeichnet sich ein solcher Transfer durch drei Aspekte. Erstens liegt der Fokus auf die vollständige Bewahrung der Information. Zweitens die Bewahrung der Perspektive, dass das neue Archivmedium, in dem die Information gespeichert ist, eine Ersetzung des alten Mediums ist und drittens, dass mithilfe von OASIS volle Kontrolle und Verantwortung über alle Aspekte des Transfers möglich wird.[47] Das OASIS-Referenzmodell unterscheidet im Anschluss an diese Definition vier Arten von Migration: Refreshment, Replication, Repackaging und Transformation.[48]

---

[42] Hackel, Siegfried; Schäfer, Tobias; Zimmer, Wolf: Praktische Sicherheiskonzepte. In: Hrsg. v. H. Neuroth, u.a. (2010):Nestor-Handbuch: a.a.O., S.102

[43] http://www.golem.de/news/keccak-hash-algorithmus-fuer-sha-3-festgelegt-1210-94887.html    (Letzter Aufruf: 10.02.2014

[44] Bundesamt für Sicherheit in der Informationstechnik (18.02.2011): BSI Technische Richtlinie 03125. Beweiserhaltung kryptographisch signierter Dokumente. Version 1.1, S.13f. URL: https://www.bsi.bund.de/SharedDocs/Downloads/DE/BSI/Publikationen/TechnischeRichtlinien/TR0 3125/BSI_TR_03125_V1.1.pdf?_blob=publicationFile (Letzter Aufruf: 10.02.2014)

[45] Bundesamt für Sicherheit in der Informationstechnik (18.02.2011): BSI Technische Richtlinie 03125. a.a.O., S.14

[46] Ullrich, Dagmar: Festplatten. In: Hrsg. v. H. Neuroth, u.a. (2010):Nestor-Handbuch: a.a.O., S.289

[47] Consultative Committee for Space Data Systems (CCSDS) (2012): Reference Model for an Open Archival Information System (OAIS). Blue Book. Washington DC. Seite 5-2

[48] vergl. hierzu das Kapitel „Migration types" in Consultative Committee for Space Data Systems (CCSDS) (2012): Reference Model for an Open Archival Information System (OAIS). a.a.O, S. 5-4ff. Eine gute Zusammenfassung findet sich auch in: Hrsg. v. H. Neuroth, u.a. (2010):Nestor-Handbuch: a.a.O., S.166ff

Bei einem *Refresment* wird das Datenpaket von einem Speichermedium unverändert auf ein Speichermedium der selben Art umkopiert. Das neue Medium nimmt dann den Platz des alten Mediums innerhalb der Speicherinfrastruktur ein. Dies ist dann erforderlich, wenn die Haltbarkeit des alten Mediums fragwürdig ist oder innerhalb eines bestimmtes Mediums ein neueres Format vewendet wird, da eventuell das alte Format bald obsolet geworden ist. Dieser Vorgang ist die einfachste Form einer Migration.

Der Vorgang der *Replication* beinhaltet auch ein Refreshment, jedoch kann das neue Trägermedium von einer anderen Art sein als das verbrauchte Medium. Dies kann eine Änderung in der Speicherinfrastruktur zur Folge habe, da z.b. neue Leseräte gebraucht werden und sich die Art der Lagerung ändert. Es kommt hier zu einem Technologiewechsel. Dies könnte dann erforderlich sein, wenn die Daten des alten Mediums (z.B. auf Diskette) etwa längerfristig (auf Magnetbänder) gespeichert werden müssen (z.b. weil bestimmte Gesetze es erfordern) oder die alte Speichertechnologie überholt ist bzw. zu teuer geworden ist. Ein anderer Grund wäre, dass bestimmte Daten plötzlich sehr viel gelesen werden müssen und z.b. ein ständiges Lesen von Magnetbändern das Band schnell beschädigen könnte. Refresment und Replication sind beides Vorgänge, die den Bitstrom des Datenpaketes nicht verändern.

Bei einem *Repacking* hingegen wird der Bitstrom während des Migrierens geändert. Das betrifft allerdings nicht die eigentlichen Inhaltsdaten eines Paketes, sondern nur Informationen über die Struktur des Datenpaketes. Eine Änderung des Packformates von ZIP zu TAR wäre ein solches Beispiel. Erst der Prozess der *Transformation* verändert auch die eigentlichen Inhaltsdaten (ein Beispiel hierfür wäre ein Wechsel des Datenformates von PNG zu JPEG2000).

Diese vier Begriffe lassen sich weiter einteilen in Medienmigration (Refreshment, Replication) und Formatmigration, wobei Letztere natürlich immer auch eine Medienmigration beinhaltet. Streng genommen lässt sich nur eine Medienmigration als eigentliche Bitstream Preservation bezeichnen, da hier der Bitstrom nicht verändert wird. Die Formatmigration sorgt jedoch dafür, dass das Datenpaket auch zukünftig interpretiert werden kann.

Eine Medienmigration ist ihrem Prinzip nach trivial, allerdings müssen im Vorfeld und für die Praxis einige strategische Überlegungen getroffen werden. Dazu gehören Erwägungen zu einem Technologieerhalt oder -wechsel unter Einbezug der verfügbaren ökonomischen Ressourcen und den konkreten Lagerbedingungen vor Ort. Ebenso sollten die für den Datenbestand verantwortlichen Mitarbeiter auf dem neuesten Informationsstand bezüglich der Marktrelevanz eines Speichermediums sein. Sind große und/oder wichtige Datenmengen zu kopieren, so ist es ratsam, mithilfe eines Zwischenspeichers zu arbeiten und zusätzliche Kontrollen der neuen Speichermedien durchzuführen. Gerade bei großen Datenmengen (z.B. im Petabyte-Bereich), die nur langsam gelesen werden können, kann eine Migration sehr lange dauern. Dies sollte im Vorfeld überlegt werden, da ein solcher Prozess unter Umständen viele Ressourcen verschlingt.

Im Rahmen einer Medien- bzw. Formatmigration ist es heute üblich, Metadaten zu erstellen, zu verändern oder zu löschen. Metadaten sind Daten, die andere Daten beschreiben.[49] Sie dienen in der Langzeitarchivierung dazu, Informationen bereitzustellen, um ein digitales Objekt in einer für den Nutzer verständlichen Form darzustellen. Je nach Anwendungsbedürfnis unterscheidet man sechs Arten von Metadaten: deskriptive Metadaten (Informationen über Charakter, Struktur und Kontext eines Datenobjektes), technische Metadaten (Informationen über Dateiformate, Dateigröße oder Eincodierung), strukturelle Metadaten (Informationen über Beziehungen zwischen Datenobjekten oder Teilen davon), administrative Metadaten (Informationen, um Daten in ein Archiv aufzunehmen und zu verwalten), Rechte-Metadaten (Informationen über Urheberrechte, Lizenzbedingungen, Zugriffsrechte) und Provenance Metadaten (Informationen über Änderungen, die an einem Datenobjekt seit seiner Erstellung vollzogen wurden. Darüber hinaus gibt es noch *Preservation Metadata*, die einen Querschnitt durch alle Typen von Metadaten bilden.[50]

---

[49] Consultative Committee for Space Data Systems (CCSDS) (2012): Reference Model for an Open Archival Information System (OAIS). a.a.O, Seite 1-13

[50] Hein,      Stefan      (2011):      Metadaten      für      die      Langzeitarchivierung.      S.4f.      URL:
http://files.dnb.de/nestor/praesentationen/Gesamt/hein.pdf      (Letzter      Zugriff      09.02.2014).
Eine      etwas      andere      Einteilung      findet      sich      zum      Vergleich      in      National      Informa-

Für die verschiedenen Metadaten-Typen existieren eine Reihe von Standards. Diese dienen dazu die einzelnen Elemente, den Wertebereich und den strukturellen Aufbau von Metadaten zu definieren und vereinheitlichen. Für strukturelle Metadaten gibt es z.B. *METS* und für den Typ *Preservation Metadata* sind *PREMIS* und *LMER* sehr bekannt.[51]
Im OASIS-Referenzmodell werden die Metadaten beim *Ingest* erhoben.[52] Die „Ingest Functional Entity" erhält vom Produzenten ein Übernahmedatenpaket (SIP), welches nun entgegengenommen, definiert, überprüft und schließlich in ein Archivierungspaket (AIP) umgewandelt wird. Mithilfe von Metadatentools werden die Metadaten maschinenlesbar (XML) codiert und als PDI (Preservation Description Information) in das AIP zusammen mit den Datenobjekten abgespeichert. Das AIP kann nun im „Archival Storage" langfristig gespeichert werden und bei Bedarf durch die „Access Functional Entity" von einem Konsumenten genutzt werden.

# 4   Anwendungsbeispiele

Um eine effektive und sichere Langzeitspeicherung zu gewährleisten, haben im Laufe der Jahre zahlreiche Forschungseinrichtungen, Unternehmen, Archive, Museen und Bibliotheken technische Konzepte, Richtlinien oder Handbücher zur Bewältigung dieser Aufgabe verfasst.

Es wird ein „Technisches Konzept für die Datenarchivierung im Bundesarchiv" vorgestellt, welches auf fünf Grundsätzen basiert: Datenformat, Bedingungen für die Eignung von Datenträgern, Doppelte Sicherung, Sachgerechte Lagerung, Regelmäßige Umkopierung und Migration der Medien.[53] Hinsichtlich des *Datenformates* hat sich das Bundesarchiv dafür entschieden, sämtliche Daten als sog. Flat Files (Daten, die als sequenzielle Zeichenfolgen ohne Software gespeichert werden) zu sichern. Angestrebt wird seit 1992/93 die Verwendung der Formate EBCDIC und ASCII, wobei in der Praxis häufig noch die Nutzung von Packformaten feststellbar ist. Ziel ist es, sich von spezieller Software unabhängig zu machen.[54] Ebenso bemüht man sich *Bedingungen für die Eignung von Datenträgern* zu diskutieren d.h. die Vor- und Nachteile einzelner Speichermedien in Hinblick auf die Nutzbarkeit im Bundesarchiv zu reflektieren. Speziell hier ist dem Bundesarchiv wichtig, Speichermedien zu verwenden, die internationalen Standards entsprechen und eine weite Verbreitung haben. In den 70er und 80er Jahren war das Magnetband das wichtigste Speichermedium. Seit 1995 werden DATs immer häufiger verwendet, sodass ab 1998 die Sicherung durch Magnetbänder eingestellt wurde. Die Zweitsicherung wird seit 1998 durch CD-ROMs gewährleistet.
Durch *Doppelte Sicherung* auf unterschiedlichen Datenträgern, *Sachgerechte Lagerung* und der Reflexion verschiedener Speichermedien werden die Grundsätze der Redundanten Datenerhaltung eingehalten. Schließlich wird dieses Sicherheitskonzept durch *Regelmäßige Umkopierung und Migration der Medien* abgerundet. Das Bundesarchiv ist dabei bemüht, die aktuellen Marktentwicklungen in Bezug auf Speichertechniken zu beobachten. Alle zwei Jahre werden die DATs und alle fünf Jahre die CD-ROMs durch ein Refreshment ersetzt.
Ulf Rathje betont, dass bei den mithilfe dieses Konzeptes gesicherten Daten bisher keine Speicherverluste eingetreten sind.

Ein weiteres Beispiel zeigt eine konkrete Konzeptualisierung für die Anwendung von Metadaten. Das Archivsystem *DIMAG*, welches u.a. vom Landesarchiv Baden-Württemberg eingesetzt wird,

---

tion Standards Organization (NISO) (2004): Understanding Metadata. S.1. URL: http://www.niso.org/publications/press/UnderstandingMetadata.pdf (Letzter Zugriff: 09.02.2014)

[51] Für eine Übersicht der Zuordnung von Standards zu einzelnen Metadatentypen vergl. hierzu Hein, Stefan (2011): Metadaten für die Langzeitarchivierung. S.7f. URL: http://files.dnb.de/nestor/praesentationen/Gesamt/hein.pdf (Letzter Zugriff 09.02.2014)

[52] Consultative Committee for Space Data Systems (CCSDS) (2012): Reference Model for an Open Archival Information System (OAIS). a.a.O, Seite 4-1ff

[53] vergl. Rathje, Ulf (2002): a.a.O., S. 118ff

[54] Wobei hier angemerkt sei, dass das Format EBCDIC auf modernen PCs bereits nur noch durch eine spezielle Software gelesen werden kann und hauptsächlich auf Großrechnern eingesetzt wird

verwendet Metadaten an drei verschiedenen Orten:[55]
Erstens sind das *strukturierte Metadaten*, die einheitlich für mindestens eine Beschreibungsebene erhoben werden und bei allen Typen von Primärdaten oder aber formatspezifisch erhoben werden. Zweitens die sog. *Dokumentation*, bei der zu bestimmten Primärdaten zusätzliche Informationen abgespeichert werden. Hierbei kann es sich z.b. um Informationen zu einer Bilderserie handeln oder etwa Ergänzungen zu einem digitalen Buch. Drittens noch *integrierte Metadaten*. Diese sind in den Primärdaten selber integriert z.b. im Header einer PNG-Datei. Sie werden ausschließlich für Recherche-, Verwaltungs- oder Erhaltungsaufgaben herangezogen. Damit Veränderungen in den Metadaten nachvollziehbar sind, gibt es den Status *In Bearbeitung* und *Abgeschlossen*. Werden Unterlagen nicht mehr benötigt, werden sie mitsamt den Metadaten gelöscht.[56]
DIMAG unterscheidet folgende Arten von Metadaten: Hier wären zunächst Allgemeine Metadaten (z.b. Signatur, Inhalt, Typ, Status, Ersteller, Erstellungsdatum, Änderungsdatum, XML-Version), die in allen anderen Arten von Metadaten enthalten sein können. Es folgen Strukturdaten (Allgemeine Metadaten und zusätzlich Titel), Objektdaten (Allgemeine Metadaten und zusätzlich Titel, Abgegebene Stelle, Übernahme, Archivalientyp, Sperrfrist, Benutzungshinweise, Rechte, Signifikante Eigenschaften), Repräsentationsdaten (Allgemeine Metadaten und zusätzlich Titel, Struktur, Hardware-Umgebung, Software-Umgebung, Installationserfordernisse, Basis-Repräsentation), Dateidaten (Allgemeine Metadaten, Dateiname, Format-Version, MIME-Type, Zeichenformat, MD5-Wert) und Dokumentationsdaten (Allgemeine Metadaten und Dateidaten). Auch Metadaten für Datenbanken sind in DIMAG spezifiziert.[57]
Mithilfe des Tools *IngestList* werden die Metadaten beim Ingest erhoben. Zusätzlich werden zu allen Primärdatendateien, die mit IngestList übernommen wurden, Hashwerte nach dem MD5-Verfahren erhoben und in die Beschreibungsdatei abgelegt. Außerdem wird in IngestList von der Beschreibungsdatei und in DIMAG von allen abgelegten Meta- und Primärdatendateien der Hashwert erhoben und in einer zweiten Datei abgelegt.[58]

# 5   Ausblick

Beobachtet man die aktuelle Entwicklung, so kann man davon ausgehen, dass die Anforderungen für eine effektive und sichere Langzeitarchivierung in Zukunft steigen werden. Die Menge an Daten, die neu hinzukommt, wächst scheinbar immer schneller und es gilt ebenso, ältere Daten zu erhalten. Man wird demnach zukünftig nicht nur eine Weiterentwicklung von sicheren, effektiven und lange haltbaren Speichermedien sicherstellen müssen, sondern gleichzeitig strategische Überlegungen intensivieren müssen. Es wird zunehmend die Frage aufkommen, welche Daten es wert sind, erhalten zu werden und welche ökonomischen Ressourcen von der Allgemeinheit dafür erbracht werden wollen.[59] Diese Problematik zeigt sich gerade beim Deutschen Musikarchiv, welches seit 1983 von jeder Audio-CD, die auf dem Markt erscheint, ein Exemplar archiviert. Trotz guter Lagerbedingungen zeigen sich bei vielen Tonträgern bereits Zerfallserscheinungen. 2006 gelang es in einem Probelauf, alle 20.000 CDs, die 2006 archiviert worden sind, auf externen Festplatten zu speichern. Man muss jedoch berücksichtigen, dass die CDs (bei 700 MB pro Exemplar) aller Jahrgänge in der Summe 210 TB aufweisen. Eine solch gewaltige Datenmenge zu speichern beansprucht viele Ressourcen. Das Musikarchiv sucht weiter nach einer Lösung.[60] Dieses Problem betrifft natürlich

[55] Landesarchiv Baden-Württemberg (Dezember 2008): Metadaten für die Archivierung digitaler Unterlagen. Erstellt im Rahmen des Projektes „Konzeption für ein digitales Landesarchiv". AZ: V-7511.9-5/Kei,Lg,Nau. Stand: Dezember 2008. S.2. URL: http://www.landesarchiv-bw.de/sixcms/media.php/120/48392/konzeption_metadaten10.28354.pdf (Letzter Aufruf: 09.02.2014)

[56] Landesarchiv Baden-Württemberg (Dezember 2008): Metadaten für die Archivierung digitaler Unterlagen. a.a.O., S.3

[57] vergl. Landesarchiv Baden-Württemberg (Dezember 2008): Metadaten für die Archivierung digitaler Unterlagen. a.a.O., S.3-10

[58] vergl. Landesarchiv Baden-Württemberg (Dezember 2008): Metadaten für die Archivierung digitaler Unterlagen. a.a.O., S.15

[59] Vergleiche Hollmann, Michael: Was wollen wir archivieren? In: Hrsg. Klimpel, Paul, Keiper, Jürgen (2013): Was bleibt? a.a.O. S. 187-190

[60] Artikel „Ein Ersatzteillager für bedrohte Datenträger" aus: http://www.3sat.de/page/?source=/nano/bstuecke/119799/index.html (Lezter Aufruf: 08.02.2014)

weltweit zahlreiche Bibliotheken und Archive.

Angesichts der massenhaften Zunahme an produzierten Speichermedien wird es in Zukunft im Sinne einer „Digitalen Archäologie" wahrscheinlich sein, dass durch den Fund alter Speichermedien die Schwierigkeit bestehen wird, die abgespeicherten Daten ohne Verluste zu retten. Folgendes Beispiel verdeutlicht diese Problematik.[61] Im Jahre 2010 fanden Mitarbeiter des Museums Schloss Gottdorf und des Instituts für Ur- und Frühgeschichte der Universität Kiel den Nachlass von Jürgen Hoika. Darunter befanden sich auch zehn 5,25 Zoll Disketten, die zwischen 1988 und 1994 verwendet wurden. Aufgrund der Beschriftung konnten die Daten mit den Forschungsergebnissen zu Megalithgräbern in Schleswig-Holstein in Verbindung gebracht werden konnten. Die Datenmenge konnte hier jedoch ohne Verluste rekonstruiert werden.[62]

Zu den neueren Speichermedien, wie z.b. USB-Sticks und SSD-Festplatten, liegen noch keine relevanten Erfahrungen aus dem Bereich der Langzeitarchivierung vor. Deswegen werden sie in diesem Artikel nur am Rande erwähnt. Man davon ausgehen, dass altgediente Techniken, wie z.b. das Magnetband, mittelfristig nicht zu ersetzen sind.

---

[61] Rinne, Christoph (28.01.2011): Digitale Archäologie. Nachlass von Jürgen Hoika. S. 1. URL: http://www.jungsteinsite.uni-kiel.de/2011/2011_Rinne_high.pdf (Letzter Aufruf: 10.02.2014)

[62] Dass solche Rekonstruktionsprozesse mühsam sein können, zeigt das Beispiel aus Fußnote drei

# Literatur

**Hrsg. Schneider, Uwe; Werner, Dieter (2007):** Taschenbuch der Informatik. Carl Hanser Verlag München.

**Hrsg. v. H. Neuroth, u.a. (2010):** Nestor-Handbuch: Eine kleine Enzyklopädie der digitalen Langzeitarchivierung. Online-Version 2.3, Göttingen: Nestor c/o Niedersächs. Staats- und Univ.-Bibliothek
URL: http://nestor.sub.uni-goettingen.de/handbuch/index.php

**Gantz, John/Reinsel, David (2012):** The Digital universe in 2020. Big Data, Bigger Digital shadows, and Biggest Growth in the far East. IDC Digital universe study.
URL: www.emc.com/collateral/analyst-reports/idc-the-digital-universe-in-2020.pdf

**Hrsg. Klimpel, Paul, Keiper, Jürgen (2013):** Was bleibt? Nachhaltigkeit der Kultur in der digitalen Welt. Internet Gesellschaft Collaboratory e. V. S. 61-82
URL: http://files.dnb.de/nestor/weitere/collab_was_bleibt.pdf

**Landesarchiv Baden-Württemberg (Dezember 2008):** Metadaten für die Archivierung digitaler Unterlagen. Erstellt im Rahmen des Projektes „Konzeption für ein digitales Landesarchiv". AZ: V-7511.9-5/Kei,Lg,Nau. Stand: Dezember 2008.
URL: http://www.landesarchiv-bw.de/sixcms/media.php/120/48392/konzeption_metadaten10.28354.pdf

**National Information Standards Organization (NISO) (2004):** Understanding Metadata.
URL: http://www.niso.org/publications/press/UnderstandingMetadata.pdf

**Rothenberg, Jeff (1999):** Ensuring the Longevity of Digital Information. Bei diesem Text handelt es sich um eine ausführlichere Fassung eines gleichnamigen Artikels, der 1995 in der Zeitschrift „Scientific American", Band 272, Nummer 1, Seiten 42-47 erschienen ist.
URL: http://www.clir.org/pubs/archives/ensuring.pdf

**Rathje, Ulf (2002):** Technisches Konzept fuer die Datenarchivierung im Bundesarchiv. In: Der Archivar, H. 2, Jahrgang 55, S.117-120.
URL: http://www.archive.nrw.de/archivar/hefte/2002/Archivar_2002-2.pdf

**o.V. (o.J.):** Digital preservation. Calimera Guidelines.
URL: http://www.project-consult.net/Files/Digital_preservation.pdf

**Consultative Committee for Space Data Systems (CCSDS) (2012):** Reference Model for an Open Archival Information System (OAIS). Blue Book. Washington DC.
URL: http://public.ccsds.org/publications/archive/650x0m2.pdf

**Mueller, Scott (2005):** Scott Mueller's Upgrading and Repairing Laptops. Que Corporation

**ERPANET (10-11 May 2004):** File Formats for Preservation, Austrian National Library, Vienna. Briefing Paper.
URL: http://www.erpanet.org/events/2004/vienna/erpaTrainingWien_BriefingPaper_v02.pdf

**Jokisch, Peter (2012):** Praktische Anwendung krypotographischer Prüfsummen. Freiburg i. Brsg.
URL: http://computerbildnis.com/it-articles_de/checksums_de/pruefsummen_A4_duplex_de.pdf

**Bundesamt für Sicherheit in der Informationstechnik (18.02.2011):** BSI Technische Richtlinie 03125. Beweiserhaltung kryptographisch signierter Dokumente. Version 1.1
URL: https://www.bsi.bund.de/SharedDocs/Downloads/DE/BSI/Publikationen/TechnischeRichtlinien/T R03125/BSI_TR_03125_V1.1.pdf?_blob=publicationFile

**Landesarchiv Baden-Württemberg (Dezember 2008):** Metadaten für die Archivierung digitaler Unterlagen. Erstellt im Rahmen des Projektes „Konzeption für ein digitales Landesarchiv". AZ: V-7511.9-5/Kei,Lg,Nau. Stand: Dezember 2008
URL: http://www.landesarchiv-bw.de/sixcms/media.php/120/48392/konzeption_metadaten10.28354.pdf

**Michael W. Gilbert (o.J.):** Digital Media Life Expectancy and Care.
URL: http://web.archive.org/web/20031222194846/http://www.oit.umass.edu/publications/at_oit/Archi
ve/fall98/media.html

**Stoll, Clifford (1996):** Die Wüste Internet. Geisterfahrten auf der Datenautobahn. Frankfurt am Main,
S.263

**Rinne, Christoph (28.01.2011):** Digitale Archäologie. Nachlass von Jürgen Hoika.
URL: http://www.jungsteinsite.uni-kiel.de/2011/2011_Rinne_high.pdf

**Arbeitsgemeinschaft für wirtschaftliche Verwaltung e.V. (AWV) (2003):** Speichern, Sichern und
Archivieren auf Bandtechnologien. Eine aktuelle Übersicht zu Sicherheit, Haltbarkeit und Beschaffenheit.
Eschborn: AWV-Eigenverlag

**Hein, Stefan (2011):** Metadaten für die Langzeitarchivierung
URL: http://files.dnb.de/nestor/praesentationen/Gesamt/hein.pdf

www.ingramcontent.com/pod-product-compliance
Lightning Source LLC
La Vergne TN
LVHW042324060326
832902LV00010B/1710